Collins

One Minute
Su Doku

Book
1

Published by Collins
An imprint of HarperCollins Publishers

HarperCollins Publishers
Westerhill Road
Bishopbriggs
Glasgow G64 2QT
www.harpercollins.co.uk

HarperCollins*Publishers*
1st Floor, Watermarque Building, Ringsend Road
Dublin 4, Ireland

10 9 8 7 6 5 4 3 2 1

© HarperCollins Publishers 2021

All puzzles supplied by Clarity Media

ISBN 978-0-00-835266-0

Printed and bound by CPI Group (UK) Ltd, Croydon CR0 4YY

The contents of this publication are believed correct at the time of printing.
Nevertheless the publisher can accept no responsibility for errors or omissions,
changes in the detail given or for any expense or loss thereby caused.

A catalogue record for this book is available from the British Library.

If you would like to comment on any aspect of this book, please contact us at the
given address or online.
E-mail: puzzles@harpercollins.co.uk

 facebook.com/collinsdictionary
 @collinsdict

INTRODUCTION

Welcome to this brand-new book, containing 200 sudoku puzzles. Can you solve each of the puzzles in one minute?

There are three levels of difficulty featured in this book. The easy puzzles are played on a 4x4 grid, whilst the medium and hard puzzles are played on 6x6 grids.

To solve the easy puzzles, you must place the numbers 1-4 once in each row, column and 2x2 bold-lined box in the grid. To solve the medium and hard puzzles, you must place the numbers 1-6 once in each row, column and 3x2 bold-lined box.

The grids below contain a 4x4 solution grid and a 6x6 solution grid: notice how each number appears once per region. We've also highlighted an example of a row, column and box in the 6x6 puzzle.

1	4	2	3
3	2	1	4
2	3	4	1
4	1	3	2

3	2	5	1	6	4	Row
1	4	6	5	2	3	
5	6	4	2	3	1	
2	3	1	6	4	5	Box Region
6	1	3	4	5	2	
4	5	2	3	1	6	

Column

When solving sudoku puzzles, progress can often
be made by asking one of two simple questions:

1) Where can the number N go in this region?
2) Which numbers can still be placed in this square?

These above rules will be sufficient for solving the easy
and medium puzzles in this book, for the hard puzzles
you may occasionally need trickier logic, however every
puzzle can be solved logically and has a single solution.
We've included all the solutions at the back of the book
so you can check your answers are correct.

Good luck and happy solving!

PUZZLE 1

1		3	
			1
3			
		2	

Easy

PUZZLE 2

		1	4
4			2
	2		

Easy

PUZZLE 3

		3	
2		1	
1	4		

Easy

PUZZLE 4

	4	3	
	2		
	3	2	

Easy

PUZZLE 5

2		4	
3			
4		2	

Easy

PUZZLE 6

		1	
			2
	1		
	4	3	

Easy

PUZZLE 7

	3		
	1	2	
3			1

Easy

PUZZLE 8

	1		
4			
			3
3		2	

Easy

PUZZLE 9

4	2		
	3		
		1	
			4

Easy

PUZZLE 10

4			
2		**1**	
			1
		4	

Easy

PUZZLE 11

4			
			3
3	2		

Easy

PUZZLE 12

	2		
			1
4		3	

Easy

PUZZLE 13

			4
	3		
	2	3	

Easy

PUZZLE 14

	3		
		1	
		2	1

Easy

PUZZLE 15

		2	
1			
		4	
3			

Easy

PUZZLE 16

	4		3
	2	1	

Easy

PUZZLE 17

		4	3
			4
	2		

Easy

PUZZLE 18

4			
			3
2			
			4

Easy

PUZZLE 19

	1		
			2
	4		3

Easy

PUZZLE 20

4	3		
	4		
		1	

Easy

PUZZLE 21

2	**3**		
	2		
		1	

Easy

PUZZLE 22

			3
	1	4	
	4		

Easy

PUZZLE 23

4		2	
		3	
	2		

Easy

PUZZLE 24

	1	2	
			3
	2		

Easy

PUZZLE 25

		4	**3**
4	**1**		

Easy

PUZZLE 26

		1	**3**
4		**2**	

Easy

PUZZLE 27

	4	3	
2			1

Easy

PUZZLE 28

2		4	
1	3		

Easy

PUZZLE 29

3			4
	1		
		2	

Easy

PUZZLE 30

		4	
2		1	
3			

Easy

PUZZLE 31

4			1
	3		
		2	

Easy

PUZZLE 32

	2		
		1	
2	3		

Easy

PUZZLE 33

	1	3	
4		2	

Easy

PUZZLE 34

			3
	4		
4	2		

Easy

PUZZLE 35

1			
			1
		3	
	4		

Easy

PUZZLE 36

		1	
	3		
2	1		

Easy

PUZZLE 37

		3	
			1
	1		2

Easy

PUZZLE 38

	4		2
	3	1	

Easy

PUZZLE 39

	1	4	
3			4

Easy

PUZZLE 40

1	4		
		4	3

Easy

PUZZLE 41

3			
1			
			4
			1

Easy

PUZZLE 42

			2
		1	
3			
			4

Easy

PUZZLE 43

4			
	3		
			2
	1		

Easy

PUZZLE 44

			3
	4		
			2
	1		

Easy

PUZZLE 45

	2		
			4
	1		
			3

Easy

PUZZLE 46

2			4
	3	1	

Easy

PUZZLE 47

1		3	
3			
	4		

Easy

PUZZLE 48

2			
			4
1			
			3

Easy

PUZZLE 49

		3	**2**
		1	
	3		

Easy

PUZZLE 50

			3
	1		
			2
	2		

Easy

PUZZLE 51

4			
		2	
2			
		1	

Easy

PUZZLE 52

	2		
1			
	3		
			4

Easy

PUZZLE 53

			1
4			
			2
3			

Easy

PUZZLE 54

	3		
	2		
		2	
		1	

Easy

PUZZLE 55

4			
	1		
	3		
			2

Easy

PUZZLE 56

3			1
	2		
		4	

Easy

PUZZLE 57

		1	
	3		
			2
4			

Easy

PUZZLE 58

	1		
	4		2
		4	

Easy

PUZZLE 59

		1	
2			
		4	
1			

Easy

PUZZLE 60

1	2		
	3	4	

Easy

PUZZLE 61

		2	
	1		
	4		1

Easy

PUZZLE 62

			1
	4	2	
3			

Easy

PUZZLE 63

4			
			3
	1		
		2	

Easy

PUZZLE 64

	4	3	
1			3

Easy

PUZZLE 65

	1		
		4	
2			
			3

Easy

PUZZLE 66

		2	
1		4	
	4		

Easy

PUZZLE 69

	1				3
			6	2	
	5		2	4	
	4	6		1	
	6	4			
3				6	

Medium

PUZZLE 70

4				3	6
1			4		
		1			3
6			5		
		6			1
2	1				4

Medium

PUZZLE 71

3	1			2	
		2			1
				1	5
5	3				
1			2		
	2			6	3

Medium

PUZZLE 72

6		5		2	
	1	3			
				5	6
5	2				
			5	1	
	5		6		3

Medium

PUZZLE 73

					3
5		2	6		
6		1		3	
	5		1		6
		5	3		2
3					

Medium

PUZZLE 74

	6			4	2
2	4		6		
	3				
				2	
		6		3	1
3	2			6	

Medium

PUZZLE 75

				3	
		4			1
	3	5	1		2
6		1	3	5	
5			2		
	6				

Medium

PUZZLE 76

	1				
			6		2
4			3	5	
	5	3			4
1		2			
				4	

Medium

PUZZLE 77

6	1		2		
		4			
	4				1
1				3	
			6		
		1		4	5

Medium

PUZZLE 78

			1	4	
2	4				
3	5				
				2	5
				1	4
	6	4			

Medium

PUZZLE 79

	4			3	
5					2
	3		5		
		5		6	
3					4
	1			5	

Medium

PUZZLE 80

		3		5	2
		6			
3		4			
			5		3
			2		
2	6		3		

Medium

PUZZLE 81

			3	5	
5					
6			1	4	
	4	1	5		6
					2
	2	6			

Medium

PUZZLE 82

	5				2
			5		
5			1		4
1		2			3
		6			
2				1	

Medium

PUZZLE 83

			6		
3		6		2	
2				4	
	4				6
	3		5		4
		5			

Medium

PUZZLE 84

	4				3
1	6				
			5		2
3		2			
				2	1
4				6	

Medium

PUZZLE 85

	4				
1				6	
3	1			4	
	5			2	3
	2				4
				3	

Medium

PUZZLE 86

4				2	1
			4		
		3			4
6			2		
		5			
2	4				3

Medium

PUZZLE 87

	4		6		
		2			
	5	6	1		
		1	5	3	
			3		
		5		1	

Medium

PUZZLE 88

3	2		1		
	1				
		6		3	
	3		6		
				1	
		1		4	6

Medium

PUZZLE 89

6		3			
2					5
1			4		
		4			3
4					2
			6		4

Medium

PUZZLE 90

	5		4		1
4					
5		2			
			3		2
					6
1		6		4	

Medium

PUZZLE 91

5	3			4	2
3			2		
		2			1
1	2			5	3

Medium

PUZZLE 92

				1	
		2			6
		1		4	5
5	3		1		
6			4		
	4				

Medium

PUZZLE 93

		6	5	3	
				2	6
				1	
	5				
2	6				
	3	4	1		

Medium

PUZZLE 94

		3			2
			6	5	
		1		2	
	2		5		
	3	5			
6			3		

Medium

PUZZLE 95

1			3		2
				1	
	6		4		
		1		3	
	1				
2		4			3

Medium

PUZZLE 96

		3		6	1
6			2		
					5
5					
		1			2
2	4		1		

Medium

PUZZLE 97

5				4	
		3			6
2			6		
		6			2
3			5		
	4				3

Medium

PUZZLE 98

	6	2	3		
				1	
	4				3
5				6	
	5				
		6	5	2	

Medium

PUZZLE 99

		4	2		6
			4		
	4			2	
	2			1	
		5			
6		2	3		

Medium

PUZZLE 100

			1		4
3		1			
5				6	
	6				3
			3		1
1		2			

Medium

PUZZLE 101

		6		4	2
		1	3		6
2		3	4		
4	1		2		

Medium

PUZZLE 102

	1			3	5
				1	
6					1
3					2
	6				
4	2			5	

Medium

PUZZLE 103

					6
	2	3			1
4	6				
				6	4
1			4	3	
2					

Medium

PUZZLE 104

	3				
1		4			3
			6	4	
	5	6			
5			3		2
				5	

Medium

PUZZLE 105

		1	4		2
				1	6
		6			
			2		
2	5				
1		4	5		

Medium

PUZZLE 106

		3			
	1		4	2	
		2		3	
	3		1		
	2	4		5	
			2		

Medium

PUZZLE 107

			3	4	
6			2		
	5			3	
	1			5	
		4			1
	6	5			

Medium

PUZZLE 108

		4			6
			4	3	
				2	4
4	5				
	1	6			
2			1		

Medium

PUZZLE 109

	4				
		2	6	3	
	1				6
3				1	
	3	1	2		
				4	

Medium

PUZZLE 110

			4		
4	5				
	4		6		1
1		2		4	
				1	3
		5			

Medium

PUZZLE 111

	6				
	3		1	6	
6	4				
				2	4
	2	3		4	
				3	

Medium

PUZZLE 112

4	2			3	
					6
				6	4
5	6				
3					
	4			5	3

Medium

PUZZLE 113

		5			
2	3				6
5			3		
		6			5
4				1	3
			2		

Medium

PUZZLE 114

		5			4
			5		
1		4			3
3			4		1
		2			
6			1		

Medium

PUZZLE 115

6	4		5		
			4		
	3	5			
			1	5	
		4			
		6		2	4

Medium

PUZZLE 116

	5				
3		4			
		5		6	3
6	4		2		
			3		1
				5	

Medium

PUZZLE 117

	3		5		
2				1	
		6		3	
	5		4		
	2				4
		4		2	

Medium

PUZZLE 118

4		1			2
		2			
	2			4	
	3			6	
			4		
2			5		1

Medium

PUZZLE 119

6		4			2
				5	
	4	2			
			2	4	
	6				
3			4		5

Medium

PUZZLE 120

6			3		
	3	4			2
		6			
			1		
4			6	3	
		3			1

Medium

PUZZLE 121

	2				4
1				5	
		6			5
3			4		
	3				6
6				4	

Medium

PUZZLE 122

4			5		3
			4		
	5		3		
		4		2	
		2			
6		3			1

Medium

PUZZLE 123

3			6		
		5	4		
2					
					4
		6	1		
		2			3

Medium

PUZZLE 124

5				1	
					4
	2		4		
		4		3	
6					
	3				5

Medium

PUZZLE 125

1					2
4					
	1		6		
		6		2	
					3
3					5

Medium

PUZZLE 126

	4	2			
				6	
	5	3			
			3	1	
	6				
			1	2	

Medium

PUZZLE 127

			4		
6		2			
		1			5
5			2		
			6		3
		4			

Medium

PUZZLE 128

		1			
6			3	2	
					5
4					
	6	3			4
			2		

Medium

PUZZLE 129

			4		5
	6				
2		3			
			2		4
				5	
1		6			

Medium

PUZZLE 130

	4				
	3	1			
	1	2			
			4	1	
			5	4	
				6	

Medium

PUZZLE 131

		6	4		2
			1		
	6				
				5	
		2			
5		4	2		

Medium

PUZZLE 132

	3				4
			6		
		5		6	
	1		5		
		1			
5				2	

Medium

PUZZLE 133

3	6				
		4		3	
		2		1	
	1		4		
	3		5		
				4	3

Hard

PUZZLE 134

	4			1	
3			6		
		2			1
6			2		
		3			6
	6			5	

Hard

PUZZLE 135

			1		6
				3	
5	1			6	
	6			1	5
	4				
2		1			

Hard

PUZZLE 136

	3	1			
2					3
		3			1
1			4		
6					2
			6	5	

Hard

PUZZLE 137

		6	2	5	
					1
	4		5		
		5		3	
6					
	2	3	6		

Hard

PUZZLE 138

		2		1	
	1		4		
	5		1		
		4		3	
		1		4	
	4		3		

Hard

PUZZLE 139

		4		2	
2	3		4		
			1		
		3			
		6		4	5
	4		6		

Hard

PUZZLE 140

				6	3
			1	4	
4				5	
	3				4
	6	1			
2	4				

Hard

PUZZLE 141

			5		2
				6	
	1			5	6
5	6			4	
	2				
6		3			

Hard

PUZZLE 142

			3	5	
					6
3	4				2
6				4	3
1					
	6	3			

Hard

PUZZLE 143

		4			
	5		2		
	2		4	3	
	4	3		2	
		2		6	
			1		

Hard

PUZZLE 144

		2		1	
			6		5
	5		2		
		4		5	
4		5			
	3		5		

Hard

PUZZLE 145

			2		
	2	1		5	
2			4		
		4			5
	6		5	3	
		5			

Hard

PUZZLE 146

2		3	6		
	6				
6				1	
	3				4
				3	
		5	1		6

Hard

PUZZLE 147

2				5	
	6				1
1				2	
	2				4
4				1	
	1				2

Hard

PUZZLE 148

	4	5			
3				4	
	5				1
6				3	
	3				2
			3	1	

Hard

PUZZLE 149

			2		1
				5	
	1		3		5
4		5		2	
	4				
5		1			

Hard

PUZZLE 150

4					
		3			6
	4	6			3
3			6	4	
1			3		
					5

Hard

PUZZLE 151

		2	3		5
				1	
	1				6
5				3	
	5				
4		1	5		

Hard

PUZZLE 152

				6	
6			1		
		4		5	3
5	3		4		
		5			2
	4				

Hard

PUZZLE 153

	5				
2		6		5	
		5		3	
	4		6		
	2		5		3
				2	

Hard

PUZZLE 154

2		5			
	4			5	
		4		6	
	6		1		
	1			2	
			6		1

Hard

PUZZLE 155

		1			6
6			3		
			5		
		3			
		2			3
4			2		

Hard

PUZZLE 156

6		1			
	5				
		6			4
2			6		
				2	
			1		3

Hard

PUZZLE 157

		1			2
3					
		5	1		
		2	6		
					4
2			3		

Hard

PUZZLE 158

3				4	
	2				
	4				6
1				2	
				1	
	5				4

Hard

PUZZLE 159

1			6	5	
2				1	
	5				4
	1	2			3

Hard

PUZZLE 160

				4	
			5		2
		4		6	
	3		2		
4		3			
	5				

Hard

PUZZLE 161

		6			2
			5		
		3		5	
	4		3		
		4			
2			1		

Hard

PUZZLE 162

	5				6
				3	
		6			2
1			3		
	4				
3				5	

Hard

PUZZLE 163

1					
	4	6			
4				5	
	6				3
			5	1	
					6

Hard

PUZZLE 164

	1				
		6		2	
1			4		
		3			6
	2		1		
				5	

Hard

PUZZLE 165

	1			3	
					4
		3		2	
	2		4		
5					
	4			1	

Hard

PUZZLE 166

		5			4
	1			5	
		2			
			3		
	2			1	
6			4		

Hard

PUZZLE 167

			4		5
		4		6	
	3				
				2	
	4		5		
2		5			

Hard

PUZZLE 168

	2		4		
					1
	1		6		
		3		1	
5					
		1		4	

Hard

PUZZLE 169

		1		2	
	4		6		
			3		
		4			
		6		5	
	2		4		

Hard

PUZZLE 170

		2			
6	1				
1				5	
	5				4
				6	2
			3		

Hard

PUZZLE 171

2		4			
	5				4
				6	
	3				
1				4	
			5		1

Hard

PUZZLE 172

	2				
5		6			
	3		5		
		5		1	
			3		2
				5	

Hard

PUZZLE 173

		1		3	
	4				
		2			1
4			5		
				6	
	3		4		

Hard

PUZZLE 174

				3	
	2		1		
	3		6		
		2		5	
		3		4	
	6				

Hard

PUZZLE 175

			5		
	1			6	
6				3	
	3				4
	2			1	
		6			

Hard

PUZZLE 176

		2		6	
	6				1
				4	
	5				
3				2	
	2		1		

Hard

PUZZLE 177

	5		3		
4					
	2				1
1				5	
					5
		6		4	

Hard

PUZZLE 178

5				6	
		1			5
					4
2					
1			6		
	3				1

Hard

PUZZLE 179

				4	
		4			1
		5			6
6			5		
1			2		
	3				

Hard

PUZZLE 180

2			1		
	4				
5			3		
		3			2
				6	
		6			5

Hard

PUZZLE 181

	3				4
				3	
3				1	
	1				6
	5				
4				2	

Hard

PUZZLE 182

		3			1
			4		
4			5		
		1			6
		5			
2			1		

Hard

PUZZLE 183

		3			6
			5		
		6			1
5			6		
		5			
1			2		

Hard

PUZZLE 184

		6			
	3				4
		5		1	
	6		5		
2				6	
			3		

Hard

PUZZLE 185

		2		3	
					1
		6			5
3			2		
4					
	6		1		

Hard

PUZZLE 186

	5		4		1
		4		3	
	6		5		
6		5		2	

Hard

PUZZLE 187

5				1	
	2				
3			5		
		2			1
				5	
	4				2

Hard

PUZZLE 188

	3				6
6				1	
2					
					5
	6				1
1				3	

Hard

PUZZLE 189

		1			
6					5
		5			3
3			2		
2					6
			5		

Hard

PUZZLE 190

			4		3
				2	
		5		4	
	1		3		
	3				
5		2			

Hard

PUZZLE 191

				6	
	5		4		
	1		5		
		6		3	
		2		5	
	3				

Hard

PUZZLE 192

	2		4		
1					
	1				6
6				5	
					2
		3		1	

Hard

PUZZLE 193

3					6
		4			
6				5	
	4				3
			1		
2					4

Hard

PUZZLE 194

1	4				
		6		4	
			2		
		5			
	6		1		
				6	4

Hard

PUZZLE 195

					5
			6	4	
4			3		
		5			1
	5	3			
2					

Hard

PUZZLE 196

				3	5
			4		
		1		5	
	5		2		
		5			
6	2				

Hard

PUZZLE 197

		1			
5				3	
	1				2
4				1	
	6				1
			4		

Hard

PUZZLE 198

3				4	1
			3		
			4		
		1			
		2			
6	3				5

Hard

PUZZLE 199

		3			1
4				6	
					4
5					
	4				2
2			6		

Hard

PUZZLE 200

	5	2			6
			3		
1					
					4
		6			
2			6	3	

Hard

1

1	4	3	2
2	3	4	1
3	2	1	4
4	1	2	3

2

2	3	1	4
1	4	2	3
4	1	3	2
3	2	4	1

3

4	1	3	2
2	3	1	4
1	4	2	3
3	2	4	1

4

3	1	4	2
2	4	3	1
4	2	1	3
1	3	2	4

5

2	1	4	3
3	4	1	2
4	3	2	1
1	2	3	4

6

4	2	1	3
1	3	4	2
3	1	2	4
2	4	3	1

7

1	4	3	2
2	3	1	4
4	1	2	3
3	2	4	1

8

2	1	3	4
4	3	1	2
1	2	4	3
3	4	2	1

9

4	2	3	1
1	3	4	2
2	4	1	3
3	1	2	4

10

4	1	3	2
2	3	1	4
3	4	2	1
1	2	4	3

11

4	3	2	1
2	1	4	3
1	4	3	2
3	2	1	4

12

3	2	1	4
1	4	2	3
2	3	4	1
4	1	3	2

13

3	1	2	4
2	4	1	3
1	3	4	2
4	2	3	1

14

1	3	4	2
4	2	1	3
2	1	3	4
3	4	2	1

15

4	3	2	1
1	2	3	4
2	1	4	3
3	4	1	2

16

1	4	2	3
2	3	4	1
4	1	3	2
3	2	1	4

17

3	4	1	2
2	1	4	3
1	3	2	4
4	2	3	1

18

4	3	1	2
1	2	4	3
2	4	3	1
3	1	2	4

19

4	2	3	1
3	1	2	4
1	3	4	2
2	4	1	3

20

2	1	4	3
4	3	2	1
1	4	3	2
3	2	1	4

21

4	1	2	3
2	3	4	1
1	2	3	4
3	4	1	2

22

4	2	1	3
3	1	4	2
2	4	3	1
1	3	2	4

23

4	3	2	1
2	1	3	4
3	4	1	2
1	2	4	3

24

3	1	2	4
2	4	1	3
4	2	3	1
1	3	4	2

25

3	4	2	1
1	2	4	3
4	1	3	2
2	3	1	4

26

3	1	4	2
2	4	1	3
1	2	3	4
4	3	2	1

27

1	4	3	2
3	2	1	4
2	3	4	1
4	1	2	3

28

3	4	1	2
2	1	4	3
4	2	3	1
1	3	2	4

29

3	2	1	4
4	1	3	2
2	3	4	1
1	4	2	3

30

1	3	4	2
2	4	1	3
3	1	2	4
4	2	3	1

31

4	2	3	1
1	3	4	2
3	1	2	4
2	4	1	3

32

1	2	3	4
3	4	1	2
4	1	2	3
2	3	4	1

33

3	4	1	2
2	1	3	4
4	3	2	1
1	2	4	3

34

2	1	4	3
3	4	1	2
1	3	2	4
4	2	3	1

35

1	2	4	3
4	3	2	1
2	1	3	4
3	4	1	2

36

4	2	1	3
1	3	4	2
3	4	2	1
2	1	3	4

37

1	2	3	4
4	3	2	1
3	1	4	2
2	4	1	3

38

3	2	4	1
1	4	3	2
4	1	2	3
2	3	1	4

39

2	1	4	3
4	3	2	1
3	2	1	4
1	4	3	2

40

3	2	1	4
1	4	3	2
4	3	2	1
2	1	4	3

41

3	4	1	2
1	2	4	3
2	1	3	4
4	3	2	1

42

1	3	4	2
4	2	1	3
3	4	2	1
2	1	3	4

43

4	2	3	1
1	3	2	4
3	4	1	2
2	1	4	3

44

1	2	4	3
3	4	2	1
4	3	1	2
2	1	3	4

45

4	2	3	1
1	3	2	4
3	1	4	2
2	4	1	3

46

3	4	2	1
2	1	3	4
1	2	4	3
4	3	1	2

47

4	3	2	1
1	2	3	4
3	1	4	2
2	4	1	3

48

2	4	3	1
3	1	2	4
1	3	4	2
4	2	1	3

49

3	2	4	1
4	1	3	2
2	4	1	3
1	3	2	4

50

2	4	1	3
3	1	2	4
1	3	4	2
4	2	3	1

51

4	2	3	1
1	3	2	4
2	1	4	3
3	4	1	2

52

3	2	4	1
1	4	2	3
4	3	1	2
2	1	3	4

53

2	3	4	1
4	1	2	3
1	4	3	2
3	2	1	4

54

1	3	4	2
4	2	3	1
3	1	2	4
2	4	1	3

55

4	2	1	3
3	1	2	4
2	3	4	1
1	4	3	2

56

3	4	2	1
2	1	3	4
4	2	1	3
1	3	4	2

57

2	4	1	3
1	3	2	4
3	1	4	2
4	2	3	1

58

2	1	3	4
3	4	1	2
4	3	2	1
1	2	4	3

59

4	3	1	2
2	1	3	4
3	2	4	1
1	4	2	3

60

1	2	3	4
3	4	1	2
2	3	4	1
4	1	2	3

61

4	2	1	3
1	3	2	4
3	1	4	2
2	4	3	1

62

2	3	4	1
4	1	3	2
1	4	2	3
3	2	1	4

63

4	3	1	2
1	2	4	3
2	1	3	4
3	4	2	1

64

2	4	3	1
3	1	2	4
4	3	1	2
1	2	4	3

65

4	1	3	2
3	2	4	1
2	3	1	4
1	4	2	3

66

4	3	2	1
1	2	4	3
3	4	1	2
2	1	3	4

67

4	3	5	6	2	1
6	2	1	4	3	5
5	4	2	3	1	6
1	6	3	2	5	4
2	1	4	5	6	3
3	5	6	1	4	2

68

1	4	5	3	6	2
6	2	3	4	1	5
4	5	1	2	3	6
2	3	6	1	5	4
3	6	4	5	2	1
5	1	2	6	4	3

69

6	1	2	4	5	3
4	3	5	6	2	1
1	5	3	2	4	6
2	4	6	3	1	5
5	6	4	1	3	2
3	2	1	5	6	4

70

4	5	2	1	3	6
1	6	3	4	2	5
5	2	1	6	4	3
6	3	4	5	1	2
3	4	6	2	5	1
2	1	5	3	6	4

71

3	1	4	5	2	6
6	5	2	4	3	1
2	4	6	3	1	5
5	3	1	6	4	2
1	6	3	2	5	4
4	2	5	1	6	3

72

6	4	5	3	2	1
2	1	3	4	6	5
4	3	1	2	5	6
5	2	6	1	3	4
3	6	4	5	1	2
1	5	2	6	4	3

73

1	6	4	5	2	3
5	3	2	6	1	4
6	4	1	2	3	5
2	5	3	1	4	6
4	1	5	3	6	2
3	2	6	4	5	1

74

1	6	3	5	4	2
2	4	5	6	1	3
6	3	2	1	5	4
5	1	4	3	2	6
4	5	6	2	3	1
3	2	1	4	6	5

75

2	1	6	4	3	5
3	5	4	6	2	1
4	3	5	1	6	2
6	2	1	3	5	4
5	4	3	2	1	6
1	6	2	5	4	3

76

2	1	6	4	3	5
5	3	4	6	1	2
4	2	1	3	5	6
6	5	3	1	2	4
1	4	2	5	6	3
3	6	5	2	4	1

77

6	1	3	2	5	4
5	2	4	1	6	3
3	4	6	5	2	1
1	5	2	4	3	6
4	3	5	6	1	2
2	6	1	3	4	5

78

6	3	5	1	4	2
2	4	1	5	3	6
3	5	2	4	6	1
4	1	6	3	2	5
5	2	3	6	1	4
1	6	4	2	5	3

79

2	4	1	6	3	5
5	6	3	1	4	2
6	3	4	5	2	1
1	2	5	4	6	3
3	5	6	2	1	4
4	1	2	3	5	6

80

1	4	3	6	5	2
5	2	6	4	3	1
3	5	4	1	2	6
6	1	2	5	4	3
4	3	1	2	6	5
2	6	5	3	1	4

81

2	6	4	3	5	1
5	1	3	2	6	4
6	5	2	1	4	3
3	4	1	5	2	6
4	3	5	6	1	2
1	2	6	4	3	5

82

6	5	1	3	4	2
3	2	4	5	6	1
5	6	3	1	2	4
1	4	2	6	5	3
4	1	6	2	3	5
2	3	5	4	1	6

83

1	2	4	6	5	3
3	5	6	4	2	1
2	6	3	1	4	5
5	4	1	2	3	6
6	3	2	5	1	4
4	1	5	3	6	2

84

2	4	5	6	1	3
1	6	3	2	5	4
6	1	4	5	3	2
3	5	2	1	4	6
5	3	6	4	2	1
4	2	1	3	6	5

85

2	4	6	3	5	1
1	3	5	4	6	2
3	1	2	5	4	6
6	5	4	1	2	3
5	2	3	6	1	4
4	6	1	2	3	5

86

4	5	6	3	2	1
1	3	2	4	5	6
5	2	3	6	1	4
6	1	4	2	3	5
3	6	5	1	4	2
2	4	1	5	6	3

87

5	4	3	6	2	1
1	6	2	4	5	3
3	5	6	1	4	2
4	2	1	5	3	6
2	1	4	3	6	5
6	3	5	2	1	4

88

3	2	4	1	6	5
6	1	5	4	2	3
5	4	6	2	3	1
1	3	2	6	5	4
4	6	3	5	1	2
2	5	1	3	4	6

89

6	5	3	2	4	1
2	4	1	3	6	5
1	3	2	4	5	6
5	6	4	1	2	3
4	1	6	5	3	2
3	2	5	6	1	4

90

2	5	3	4	6	1
4	6	1	2	3	5
5	3	2	6	1	4
6	1	4	3	5	2
3	4	5	1	2	6
1	2	6	5	4	3

91

2	6	4	3	1	5
5	3	1	6	4	2
3	1	5	2	6	4
6	4	2	5	3	1
1	2	6	4	5	3
4	5	3	1	2	6

92

3	5	6	2	1	4
4	1	2	5	3	6
2	6	1	3	4	5
5	3	4	1	6	2
6	2	3	4	5	1
1	4	5	6	2	3

93

4	2	6	5	3	1
3	1	5	4	2	6
6	4	3	2	1	5
1	5	2	6	4	3
2	6	1	3	5	4
5	3	4	1	6	2

94

5	6	3	1	4	2
2	1	4	6	5	3
3	5	1	4	2	6
4	2	6	5	3	1
1	3	5	2	6	4
6	4	2	3	1	5

95

1	4	6	3	5	2
5	3	2	6	1	4
3	6	5	4	2	1
4	2	1	5	3	6
6	1	3	2	4	5
2	5	4	1	6	3

96

4	2	3	5	6	1
6	1	5	2	3	4
1	6	4	3	2	5
5	3	2	4	1	6
3	5	1	6	4	2
2	4	6	1	5	3

97

5	6	2	3	4	1
4	1	3	2	5	6
2	3	4	6	1	5
1	5	6	4	3	2
3	2	1	5	6	4
6	4	5	1	2	3

98

1	6	2	3	4	5
4	3	5	6	1	2
6	4	1	2	5	3
5	2	3	4	6	1
2	5	4	1	3	6
3	1	6	5	2	4

99

1	5	4	2	3	6
2	6	3	4	5	1
5	4	1	6	2	3
3	2	6	5	1	4
4	3	5	1	6	2
6	1	2	3	4	5

100

6	2	5	1	3	4
3	4	1	2	5	6
5	1	3	4	6	2
2	6	4	5	1	3
4	5	6	3	2	1
1	3	2	6	4	5

101

1	2	4	6	3	5
3	5	6	1	4	2
5	4	1	3	2	6
2	6	3	4	5	1
4	1	5	2	6	3
6	3	2	5	1	4

102

2	1	4	6	3	5
5	3	6	2	1	4
6	5	2	3	4	1
3	4	1	5	6	2
1	6	5	4	2	3
4	2	3	1	5	6

103

5	4	1	3	2	6
6	2	3	5	4	1
4	6	2	1	5	3
3	1	5	2	6	4
1	5	6	4	3	2
2	3	4	6	1	5

104

2	3	5	4	1	6
1	6	4	5	2	3
3	1	2	6	4	5
4	5	6	2	3	1
5	4	1	3	6	2
6	2	3	1	5	4

105

6	3	1	4	5	2
5	4	2	3	1	6
4	2	6	1	3	5
3	1	5	2	6	4
2	5	3	6	4	1
1	6	4	5	2	3

106

2	4	3	6	1	5
5	1	6	4	2	3
1	6	2	5	3	4
4	3	5	1	6	2
6	2	4	3	5	1
3	5	1	2	4	6

107

5	2	1	3	4	6
6	4	3	2	1	5
4	5	6	1	3	2
3	1	2	6	5	4
2	3	4	5	6	1
1	6	5	4	2	3

108

1	3	4	2	5	6
6	2	5	4	3	1
3	6	1	5	2	4
4	5	2	6	1	3
5	1	6	3	4	2
2	4	3	1	6	5

109

6	4	3	5	2	1
1	5	2	6	3	4
2	1	4	3	5	6
3	6	5	4	1	2
4	3	1	2	6	5
5	2	6	1	4	3

110

2	3	1	4	5	6
4	5	6	1	3	2
5	4	3	6	2	1
1	6	2	3	4	5
6	2	4	5	1	3
3	1	5	2	6	4

111

2	6	1	4	5	3
5	3	4	1	6	2
6	4	2	3	1	5
3	1	5	6	2	4
1	2	3	5	4	6
4	5	6	2	3	1

112

4	2	6	1	3	5
1	3	5	4	2	6
2	1	3	5	6	4
5	6	4	3	1	2
3	5	2	6	4	1
6	4	1	2	5	3

113

6	4	5	1	3	2
2	3	1	5	4	6
5	2	4	3	6	1
3	1	6	4	2	5
4	5	2	6	1	3
1	6	3	2	5	4

114

2	3	5	6	1	4
4	6	1	5	3	2
1	5	4	2	6	3
3	2	6	4	5	1
5	1	2	3	4	6
6	4	3	1	2	5

115

6	4	1	5	3	2
2	5	3	4	6	1
1	3	5	2	4	6
4	6	2	1	5	3
3	2	4	6	1	5
5	1	6	3	2	4

116

2	5	6	1	3	4
3	1	4	5	2	6
1	2	5	4	6	3
6	4	3	2	1	5
5	6	2	3	4	1
4	3	1	6	5	2

117

6	3	1	5	4	2
2	4	5	3	1	6
4	1	6	2	3	5
3	5	2	4	6	1
1	2	3	6	5	4
5	6	4	1	2	3

118

4	6	1	3	5	2
3	5	2	6	1	4
6	2	5	1	4	3
1	3	4	2	6	5
5	1	3	4	2	6
2	4	6	5	3	1

119

6	5	4	3	1	2
2	1	3	6	5	4
1	4	2	5	3	6
5	3	6	2	4	1
4	6	5	1	2	3
3	2	1	4	6	5

120

6	5	2	3	1	4
1	3	4	5	6	2
2	1	6	4	5	3
3	4	5	1	2	6
4	2	1	6	3	5
5	6	3	2	4	1

121

5	2	3	6	1	4
1	6	4	2	5	3
2	4	6	1	3	5
3	1	5	4	6	2
4	3	1	5	2	6
6	5	2	3	4	1

122

4	2	6	5	1	3
1	3	5	4	6	2
2	5	1	3	4	6
3	6	4	1	2	5
5	1	2	6	3	4
6	4	3	2	5	1

123

3	4	1	6	2	5
6	2	5	4	3	1
2	5	4	3	1	6
1	6	3	2	5	4
5	3	6	1	4	2
4	1	2	5	6	3

124

5	4	3	2	1	6
2	1	6	3	5	4
3	2	5	4	6	1
1	6	4	5	3	2
6	5	2	1	4	3
4	3	1	6	2	5

125

1	6	5	4	3	2
4	3	2	5	1	6
2	1	3	6	5	4
5	4	6	3	2	1
6	5	1	2	4	3
3	2	4	1	6	5

126

6	4	2	5	3	1
3	1	5	2	6	4
1	5	3	6	4	2
4	2	6	3	1	5
2	6	1	4	5	3
5	3	4	1	2	6

127

1	5	3	4	2	6
6	4	2	5	3	1
4	2	1	3	6	5
5	3	6	2	1	4
2	1	5	6	4	3
3	6	4	1	5	2

128

3	2	1	4	5	6
6	4	5	3	2	1
1	3	2	6	4	5
4	5	6	1	3	2
2	6	3	5	1	4
5	1	4	2	6	3

129

3	2	1	4	6	5
5	6	4	1	2	3
2	4	3	5	1	6
6	1	5	2	3	4
4	3	2	6	5	1
1	5	6	3	4	2

130

2	4	6	1	3	5
5	3	1	6	2	4
4	1	2	3	5	6
3	6	5	4	1	2
6	2	3	5	4	1
1	5	4	2	6	3

131

1	5	6	4	3	2
2	4	3	1	6	5
4	6	5	3	2	1
3	2	1	6	5	4
6	1	2	5	4	3
5	3	4	2	1	6

132

1	3	6	2	5	4
4	5	2	6	1	3
3	2	5	4	6	1
6	1	4	5	3	2
2	6	1	3	4	5
5	4	3	1	2	6

133

3	6	1	2	5	4
2	5	4	1	3	6
6	4	2	3	1	5
5	1	3	4	6	2
4	3	6	5	2	1
1	2	5	6	4	3

134

5	4	6	3	1	2
3	2	1	6	4	5
4	3	2	5	6	1
6	1	5	2	3	4
1	5	3	4	2	6
2	6	4	1	5	3

135

4	3	5	1	2	6
1	2	6	5	3	4
5	1	4	3	6	2
3	6	2	4	1	5
6	4	3	2	5	1
2	5	1	6	4	3

136

4	3	1	5	2	6
2	6	5	1	4	3
5	4	3	2	6	1
1	2	6	4	3	5
6	5	4	3	1	2
3	1	2	6	5	4

137

4	1	6	2	5	3
5	3	2	4	6	1
3	4	1	5	2	6
2	6	5	1	3	4
6	5	4	3	1	2
1	2	3	6	4	5

138

4	6	2	5	1	3
3	1	5	4	6	2
6	5	3	1	2	4
1	2	4	6	3	5
5	3	1	2	4	6
2	4	6	3	5	1

139

6	5	4	3	2	1
2	3	1	4	5	6
4	6	5	1	3	2
1	2	3	5	6	4
3	1	6	2	4	5
5	4	2	6	1	3

140

1	2	4	5	6	3
6	5	3	1	4	2
4	1	2	3	5	6
5	3	6	2	1	4
3	6	1	4	2	5
2	4	5	6	3	1

141

4	3	6	5	1	2
2	5	1	4	6	3
3	1	4	2	5	6
5	6	2	3	4	1
1	2	5	6	3	4
6	4	3	1	2	5

142

2	1	6	3	5	4
4	3	5	2	1	6
3	4	1	5	6	2
6	5	2	1	4	3
1	2	4	6	3	5
5	6	3	4	2	1

143

2	6	4	5	1	3
3	5	1	2	4	6
6	2	5	4	3	1
1	4	3	6	2	5
5	1	2	3	6	4
4	3	6	1	5	2

144

5	6	2	4	1	3
1	4	3	6	2	5
6	5	1	2	3	4
3	2	4	1	5	6
4	1	5	3	6	2
2	3	6	5	4	1

145

5	3	6	2	4	1
4	2	1	6	5	3
2	5	3	4	1	6
6	1	4	3	2	5
1	6	2	5	3	4
3	4	5	1	6	2

146

2	4	3	6	5	1
5	6	1	4	2	3
6	5	4	3	1	2
1	3	2	5	6	4
4	1	6	2	3	5
3	2	5	1	4	6

147

2	3	1	4	5	6
5	6	4	2	3	1
1	4	6	3	2	5
3	2	5	1	6	4
4	5	2	6	1	3
6	1	3	5	4	2

148

2	4	5	1	6	3
3	6	1	2	4	5
4	5	3	6	2	1
6	1	2	5	3	4
1	3	6	4	5	2
5	2	4	3	1	6

149

3	5	4	2	6	1
1	6	2	4	5	3
2	1	6	3	4	5
4	3	5	1	2	6
6	4	3	5	1	2
5	2	1	6	3	4

150

4	6	2	5	3	1
5	1	3	4	2	6
2	4	6	1	5	3
3	5	1	6	4	2
1	2	5	3	6	4
6	3	4	2	1	5

151

1	4	2	3	6	5
6	3	5	4	1	2
3	1	4	2	5	6
5	2	6	1	3	4
2	5	3	6	4	1
4	6	1	5	2	3

152

4	2	1	3	6	5
6	5	3	1	2	4
1	6	4	2	5	3
5	3	2	4	1	6
3	1	5	6	4	2
2	4	6	5	3	1

153

4	5	3	2	6	1
2	1	6	3	5	4
1	6	5	4	3	2
3	4	2	6	1	5
6	2	1	5	4	3
5	3	4	1	2	6

154

2	3	5	4	1	6
6	4	1	2	5	3
1	2	4	3	6	5
5	6	3	1	4	2
3	1	6	5	2	4
4	5	2	6	3	1

155

3	2	1	4	5	6
6	4	5	3	2	1
1	6	4	5	3	2
2	5	3	1	6	4
5	1	2	6	4	3
4	3	6	2	1	5

156

6	3	1	5	4	2
4	5	2	3	1	6
3	1	6	2	5	4
2	4	5	6	3	1
1	6	3	4	2	5
5	2	4	1	6	3

157

6	5	1	4	3	2
3	2	4	5	1	6
4	6	5	1	2	3
1	3	2	6	4	5
5	1	3	2	6	4
2	4	6	3	5	1

158

3	1	6	5	4	2
5	2	4	3	6	1
2	4	3	1	5	6
1	6	5	4	2	3
4	3	2	6	1	5
6	5	1	2	3	4

159

1	4	3	6	5	2
5	2	6	4	3	1
2	6	4	3	1	5
3	5	1	2	6	4
4	3	5	1	2	6
6	1	2	5	4	3

160

2	1	5	6	4	3
3	4	6	5	1	2
5	2	4	3	6	1
6	3	1	2	5	4
4	6	3	1	2	5
1	5	2	4	3	6

161

3	5	6	4	1	2
4	2	1	5	3	6
6	1	3	2	5	4
5	4	2	3	6	1
1	3	4	6	2	5
2	6	5	1	4	3

162

2	5	3	1	4	6
6	1	4	2	3	5
4	3	6	5	1	2
1	2	5	3	6	4
5	4	1	6	2	3
3	6	2	4	5	1

163

1	5	2	3	6	4
3	4	6	1	2	5
4	2	3	6	5	1
5	6	1	2	4	3
6	3	4	5	1	2
2	1	5	4	3	6

164

3	1	2	6	4	5
4	5	6	3	2	1
1	6	5	4	3	2
2	4	3	5	1	6
5	2	4	1	6	3
6	3	1	2	5	4

165

6	1	4	2	3	5
2	3	5	1	6	4
4	5	3	6	2	1
1	2	6	4	5	3
5	6	1	3	4	2
3	4	2	5	1	6

166

2	6	5	1	3	4
4	1	3	2	5	6
3	4	2	5	6	1
1	5	6	3	4	2
5	2	4	6	1	3
6	3	1	4	2	5

167

1	2	6	4	3	5
3	5	4	2	6	1
4	3	2	1	5	6
5	6	1	3	2	4
6	4	3	5	1	2
2	1	5	6	4	3

168

1	2	5	4	3	6
3	4	6	5	2	1
4	1	2	6	5	3
6	5	3	2	1	4
5	3	4	1	6	2
2	6	1	3	4	5

169

6	3	1	5	2	4
2	4	5	6	3	1
1	6	2	3	4	5
3	5	4	1	6	2
4	1	6	2	5	3
5	2	3	4	1	6

170

5	4	2	1	3	6
6	1	3	4	2	5
1	2	4	6	5	3
3	5	6	2	1	4
4	3	1	5	6	2
2	6	5	3	4	1

171

2	1	4	6	3	5
3	5	6	2	1	4
5	4	2	1	6	3
6	3	1	4	5	2
1	2	5	3	4	6
4	6	3	5	2	1

172

4	2	3	1	6	5
5	1	6	2	3	4
1	3	4	5	2	6
2	6	5	4	1	3
6	5	1	3	4	2
3	4	2	6	5	1

173

5	6	1	2	3	4
2	4	3	1	5	6
3	5	2	6	4	1
4	1	6	5	2	3
1	2	4	3	6	5
6	3	5	4	1	2

174

1	5	6	4	3	2
3	2	4	1	6	5
5	3	1	6	2	4
6	4	2	3	5	1
2	1	3	5	4	6
4	6	5	2	1	3

175

3	6	2	5	4	1
4	1	5	2	6	3
6	5	4	1	3	2
2	3	1	6	5	4
5	2	3	4	1	6
1	4	6	3	2	5

176

5	1	2	4	6	3
4	6	3	2	5	1
1	3	6	5	4	2
2	5	4	3	1	6
3	4	1	6	2	5
6	2	5	1	3	4

177

6	5	2	3	1	4
4	1	3	5	2	6
3	2	5	4	6	1
1	6	4	2	5	3
2	4	1	6	3	5
5	3	6	1	4	2

178

5	4	3	1	6	2
6	2	1	4	3	5
3	6	5	2	1	4
2	1	4	3	5	6
1	5	2	6	4	3
4	3	6	5	2	1

179

5	1	3	6	4	2
2	6	4	3	5	1
3	2	5	4	1	6
6	4	1	5	2	3
1	5	6	2	3	4
4	3	2	1	6	5

180

2	3	5	1	4	6
6	4	1	5	2	3
5	6	2	3	1	4
4	1	3	6	5	2
3	5	4	2	6	1
1	2	6	4	3	5

181

6	3	1	2	5	4
5	2	4	6	3	1
3	4	6	5	1	2
2	1	5	3	4	6
1	5	2	4	6	3
4	6	3	1	2	5

182

6	4	3	2	5	1
1	5	2	4	6	3
4	3	6	5	1	2
5	2	1	3	4	6
3	1	5	6	2	4
2	6	4	1	3	5

183

4	5	3	1	2	6
6	1	2	5	4	3
3	2	6	4	5	1
5	4	1	6	3	2
2	6	5	3	1	4
1	3	4	2	6	5

184

4	2	6	1	3	5
5	3	1	6	2	4
3	4	5	2	1	6
1	6	2	5	4	3
2	5	3	4	6	1
6	1	4	3	5	2

185

1	5	2	4	3	6
6	3	4	5	2	1
2	4	6	3	1	5
3	1	5	2	6	4
4	2	1	6	5	3
5	6	3	1	4	2

186

1	4	6	2	5	3
2	5	3	4	6	1
5	2	4	1	3	6
3	6	1	5	4	2
6	1	5	3	2	4
4	3	2	6	1	5

187

5	6	4	2	1	3
1	2	3	6	4	5
3	1	6	5	2	4
4	5	2	3	6	1
2	3	1	4	5	6
6	4	5	1	3	2

188

5	3	1	2	4	6
6	2	4	5	1	3
2	5	3	1	6	4
4	1	6	3	2	5
3	6	2	4	5	1
1	4	5	6	3	2

189

5	3	1	6	2	4
6	4	2	3	1	5
1	2	5	4	6	3
3	6	4	2	5	1
2	5	3	1	4	6
4	1	6	5	3	2

190

2	5	6	4	1	3
1	4	3	5	2	6
3	2	5	6	4	1
6	1	4	3	5	2
4	3	1	2	6	5
5	6	2	1	3	4

191

3	2	4	1	6	5
6	5	1	4	2	3
2	1	3	5	4	6
5	4	6	2	3	1
1	6	2	3	5	4
4	3	5	6	1	2

192

5	2	6	4	3	1
1	3	4	6	2	5
3	1	5	2	4	6
6	4	2	1	5	3
4	5	1	3	6	2
2	6	3	5	1	4

193

3	1	2	5	4	6
5	6	4	3	1	2
6	2	3	4	5	1
1	4	5	2	6	3
4	3	6	1	2	5
2	5	1	6	3	4

194

1	4	3	6	2	5
2	5	6	3	4	1
4	3	1	2	5	6
6	2	5	4	1	3
5	6	4	1	3	2
3	1	2	5	6	4

195

6	2	4	1	3	5
5	3	1	6	4	2
4	1	2	3	5	6
3	6	5	4	2	1
1	5	3	2	6	4
2	4	6	5	1	3

196

4	6	2	1	3	5
5	1	3	4	6	2
2	4	1	3	5	6
3	5	6	2	4	1
1	3	5	6	2	4
6	2	4	5	1	3

197

3	4	1	2	6	5
5	2	6	1	3	4
6	1	3	5	4	2
4	5	2	6	1	3
2	6	4	3	5	1
1	3	5	4	2	6

198

3	2	6	5	4	1
1	4	5	3	6	2
2	5	3	4	1	6
4	6	1	2	5	3
5	1	2	6	3	4
6	3	4	1	2	5

199

6	5	3	4	2	1
4	2	1	3	6	5
1	6	2	5	3	4
5	3	4	2	1	6
3	4	6	1	5	2
2	1	5	6	4	3

200

3	5	2	1	4	6
4	6	1	3	5	2
1	4	5	2	6	3
6	2	3	5	1	4
5	3	6	4	2	1
2	1	4	6	3	5